QUELQUES MOTS

Sur le lieu dit TREZ-GOAREM

QUELQUES MOTS

SUR LE LIEU DIT

TREZ-GOAREM

EN

ESQUIBIEN (Finistère)

Entre la mer et le bourg d'Esquibien,
canton de Pont-Croix (Finistère), s'étend
une plaine de sable d'environ une demi-
lieue en tous sens, et appelée Trez-
Goarem : *le Sable de la Garenne*. Vers le
centre, le terrain s'élève doucement et
forme un monticule arrondi dont le dia-
mètre peut varier de 250 à 300 mètres,
et la hauteur de 12 à 15.

La tradition du pays veut que le bourg
d'Esquibien, actuellement à un kilomètre
N.-E. de la plaine, ait été anciennement
assis sur cette éminence, et que les enva-
hissements toujours croissants des sables
en aient forcé les habitants à se retirer au
lieu que le bourg occupe aujourd'hui.

L'aspect désolé de ce désert de sables

que rien n'abrite, ni contre les ardeurs du soleil brûlant d'été, ni contre les violentes rafales d'ouest qui le tourmentent et le laissent plus hideux qu'il n'était auparavant, ni contre les froids rigoureux qu'y apportent les vents glacés de l'est et auxquels nulle culture semble ne pouvoir résister ; les quelques maigres brins d'herbe durcie qui pointent çà et là et étendent une teinte livide sur ce vaste linceul, dont la nudité aurait moins attristé le regard ; tout semble éloigner de l'esprit l'idée qu'un lieu si mort aujourd'hui ait jamais été habité, et porte à reléguer cette prétendue migration au nombre des légendes merveilleuses que les paysans de la Bretagne aiment à raconter le soir, au coin du vaste foyer, sur tel ou tel autre point de leur canton.

Cependant quand il s'agit, non d'une de ces histoires fantastiques qui amusent ou frappent l'imagination de nos bons Bretons, si amateurs du merveilleux, mais bien d'un fait historique qui, bien que dépourvu de preuves écrites, est affirmé par toute une population, on se prend à réfléchir et à se demander si ces dires unanimes ne seraient pas, au lieu de pures rêveries, une réminiscence et la confirmation de faits éloignés qui n'auraient pas laissé de traces autres que des souvenirs confus, allant s'obscurcissant et se dénaturant de génération en génération.

C'est ce qui est arrivé pour le Trez-

Goarem. L'examen attentif des lieux engage à suspendre son jugement, et à ne pas rejeter *à priori* une tradition qui, peut-être, cache une vérité historique que la précipitation empêcherait de découvrir, et qui, comme beaucoup d'autres, après un temps plus ou moins long, serait à jamais enfouie dans l'oubli.

En effet, admettant cette vaste plaine dépouillée de la couche de sable dont elle est partout recouverte, on est obligé de reconnaître qu'elle offrait aux habitants du pays une des positions les plus heureuses pour y établir leur demeure. La vue admirable dont on jouit de tous côtés, s'étendant au loin sur l'Océan, et permettant de sonder tous les points de l'horizon pour reconnaître si quelque danger ne menace point la colonie ; la proximité de la mer, qui offre tant de ressources à l'habitant des côtes ; la proximité plus grande encore de deux ruisseaux parcourant la plaine et enclavant le mamelon ; la présence non loin de là de deux fontaines qui en toutes saisons fournissent abondamment une eau excellente ; enfin l'extrême fertilité qu'a dû avoir la terre noire et grasse qui entoure et recouvre le monticule, et pouvait dans une certaine mesure subvenir aux besoins des colons ; tout fait supposer que ce lieu n'a pu échapper à l'attention d'hommes qui savaient si bien que nos ancêtres apprécier les avantages d'une bonne position. Il fallait donc étudier : je l'ai fait, et j'ai acquis la certitude que le

Trez a été très-anciennement occupé, d'abord par quelque tribu armoricaine, puis par une population gallo-romaine ; et j'ai tout lieu de penser que l'occupation s'est prolongée jusque dans le moyen-âge. C'est ce que je vais essayer d'établir par l'exposé des recherches que j'ai faites sur les lieux mêmes.

ÉPOQUE GAULOISE.

De nombreuses carrières pour l'extraction de la pierre de taille ont été ouvertes depuis des siècles sur la colline, et y sont encore exploitées de nos jours. Or, au milieu de terres remuées et déplacées tant de fois, j'ai pu recueillir une douzaine de quartz, éclats ou galets, ayant servi de marteaux ; plusieurs pierres à aiguiser ; une pointe de flèche en silex et de nombreux éclats (sans caractère, il est vrai) de la même pierre ; la moitié d'une de ces rondelles de terre cuite dites fusaïoles ; enfin quantité de tessons de poteries que quiconque a étudié les débris de la vieille civilisation celtique n'hésitera pas à reconnaître comme gauloises.

L'exploration d'un ancien foyer m'a fourni entre autres objets plusieurs marteaux de pierre, et un de ces granits usés et polis sur une face par le frottement, que l'on croit avoir servi à écraser le grain ou à broyer les fruits, et que l'on est convenu d'appeler *meules à main*. Le côté aplati par l'usure forme une ellipse assez régulière ayant de diamètres 32 e

20 centimètres, et dont l'épaisseur ne dépasse pas 4 centimètres.

M. Donard fils (1), propriétaire à Kerunus, ferme située à quelques centaines de pas au nord du Trez-Goarem, m'a gracieusement fait l'abandon d'un remarquable granit qu'il avait trouvé dans ses cultures. C'est un segment d'un très-beau mortier, de 25 centimètres de corde, 11 de flèche, et d'une épaisseur moyenne de 6 centimètres. Il accuse une forme parfaitement ronde et mesure de 3 à 4 centimètres de profondeur.

Mais ce qui me semble, comme preuve, avoir une bien plus grande importance, ce sont les sépultures, dont j'ai constaté trois modes sur un espace de 50 mètres carrés.

1° INHUMATION. — Dans leurs recherches de pierres de taille, les carriers ont rencontré à 2 mètres de profondeur et couchés côte à côte deux squelettes encore en place. La grande dureté de la terre argileuse dans laquelle ils reposaient, leur décomposition avancée et le peu d'importance que les ouvriers attachaient à leur trouvaille (de pareilles découvertes sont

(1) Je saisis avec empressement l'occasion qui m'est offerte d'adresser à M. Donard, son frère, instituteur à Plouhinec, et à M. Gloaguen, instituteur à Esquibien, mes sincères remercîments pour le concours aussi actif qu'intelligent qu'ils ont bien voulu me donner dans mes fouilles de *Trez-Goarem*, et dans mes recherches aux environs d'Audierne.

fréquentes en ce lieu), ont été cause que presque aucun des ossements n'a été retiré entier ; toutefois, ceux qu'ils ont mis de côté à mon intention et que j'ai soigneusement recueillis, pourront peut-être en leur temps fournir quelques renseignements utiles.

2° INCINÉRATION. — A 50 pas de ces squelettes leurs travaux leur ont fait découvrir toute une série d'urnes brisées, contenant de la terre et des os brûlés, qu'ils ont dispersés dans les déblais des carrières. Cependant j'ai été assez heureux pour trouver encore en place les débris de cinq ou six de ces urnes : elles étaient enfouies peu profondément dans le sol, qui, en cet endroit, n'est recouvert que d'une couche assez mince d'un sable très-mouvant. En même temps que ces urnes on y avait déposé des centaines de galets, quartz et granits, variant de la grosseur d'un œuf d'autruche à celle d'un œuf de pigeon, et dont plusieurs portent à leur extrémité des traces évidentes de percussion.

La facture et la terre de ces vases, qui diffèrent beaucoup de celles des poteries gallo-romaines de Bretagne, dénotent clairement des poteries gauloises. Du reste, deux d'entre eux, à défaut des caractères précédents, lèveraient tous les doutes à cet égard : ils portent sur la panse des enfoncements avec centre relevé en forme de bouton, ornement que l'on ne rencontre sur aucune poterie romaine, et qui rappelle à ne s'y pouvoir méprendre le cercle à point central caractérisant l'époque dite *âge du bronze*, qui a précédé de plusieurs siècles l'ère chrétienne.

La première de ces urnes est à parois minces, et rappelle assez bien par le bas la forme d'un pot à fleurs. Sa terre. qui renferme beaucoup de sable très-fin et du mica jaune, est d'un beau rose ; l'intérieur et l'extérieur sont d'un rouge plus foncé, dû sans doute à un vernis qu'on y a appliqué avant la cuisson: et, bien que cette teinte la rapproche beaucoup de la poterie samienne, il est impossible de la confondre avec elle. Le fond, large de 8 centimètres, est concave extérieurement ; de ses bords s'élève une panse allant s'élargissant graduellement jusqu'aux trois-quarts de la hauteur, où, par une courbe très-prononcée, elle rentre vers l'intérieur, puis se relève verticalement et forme un col de même largeur que le fond ; à sa partie supérieure ce col est terminé par un petit rebord droit, en biseau, qui le quitte à angle presque vif pour s'incliner légèrement vers l'extérieur.

La seconde, plus épaisse, d'un beau brun-châtaigne, est faite d'une argile plus pure, plus liante, contenant d'assez gros grains de quartz et de mica. Elle présente à l'extérieur un luisant remarquable, résultat de frictions répétées faites sur la pâte avant la cuisson. Pour la forme et la grandeur elle diffère peu de la précédente;

seulement la concavité du fond est plus
prononcée, et la panse, en le quittant, au
lieu de s'évaser immédiatement, s'infléchit
tout d'abord vers l'intérieur par une courbe
gracieuse, ce qui lui donne un galbe plus
élégant. A sa partie la plus renflée elle
porte plusieurs de ces enfoncements circulaires, de la largeur d'une pièce de
deux francs, dont j'ai parlé plus haut. —
J'ai recueilli une masse solidifiée de terre
et d'os brûlés à laquelle adhère encore un
tesson d'une pâte très-semblable, et qui
porte à un centimètre du fond une em-
preinte circulaire; s'il appartient à la
même urne, elle avait deux rangées de
ces cercles, sinon il serait un troisième
exemplaire de ce genre d'ornementation.

La troisième, faite de la même argile,
n'est pas d'une couleur aussi uniforme:
elle présente, ici des parties plus claires,
là des parties plus foncées. C'est un bol
assez large, bas de forme, et dont le fond
consiste en un enfoncement hémisphéri-
que ayant à peine la largeur d'une pièce
de un franc. Elle a été soigneusement lis-
sée sur les deux faces, et est aussi ornée
d'impressions circulaires avec bouton au
centre, et dont la largeur totale ne dépasse pas celle d'une pièce de cinquante
centimes. Comme les deux autres elle a
un large col droit surmonté d'un petit
rebord qui s'amincit en lame de couteau.

J'ai aussi des débris d'une autre urne à
pâte grise, plus grossière, contenant de
gros grains de feldspath, et à fond plus

plat ; mais les quelques fragments que j'en
ai retrouvés ne me permettent pas d'en
déterminer la forme d'une manière assez
précise.

Les trois dernières ont évidemment été
faites à la main, la première semble avoir
été faite au tour.

3° SÉPULTURES DANS DES COFFRETS DE
PIERRES. — Revenons vers l'ouest, à quelques pas seulement du lieu où gisaient les
deux squelettes. Là, les carriers ont mis à
découvert trois tombelles, qui, par l'exi-
guïté des pierres qui les formaient, peu-
vent être considérées comme des diminu-
tifs de dolmens. Attendu qu'elles avaient
toutes trois les mêmes dimensions, il me
suffira de décrire la première.

Six pierres la composaient : deux plus
grandes pour les côtés, deux de moindre
dimension aux extrémités, et deux autres
formant couvercle. Chacune des quatre
pierres latérales était inclinée vers l'intérieur, ce qui rendait le monument plus
étroit en haut qu'en bas. Les dimensions
intérieures étaient, au bas, 1m20 sur 0m90,
— en haut 0m90 sur 0m70 ; — la hauteur était d'environ 0m65. Les pierres des
extrémités avaient été dégrossies et tail-
lées en forme de trapèzes ; sur chacune
des grandes pierres latérales on avait pra-
tiqué deux grossières rainures qui s'adap-
taient aux tranches des trapèzes ; et les
bords supérieurs de ces quatre pierres debout avaient été unis horizontalement
pour s'encastrer dans des espèces de rai-

nures pratiquées à la partie interne des couvercles. Voilà pour la forme ; malheureusement je ne puis pas parler d'une manière aussi explicite de leur contenu.

Lors de ma première visite (avril 1869), deux de ces tombelles étaient ouvertes. L'une, orientée E. O., trouvée à demi-comblée par de la terre, du sable. quelques charbons et des ossements, avait été complètement vidée. L'autre, placée sur la même ligne et à 50 centimètres seulement de la première, avait été aussi violée; et pour chercher *le trésor*, on avait bouleversé la terre et le sable qu'elle contenait ; cependant je pus en extraire quelques ossements, parmi lesquels deux crânes et la partie supérieure d'un troisième. Les deux crânes entiers n'avaient pas été déplacés : ils occupaient le fond et la partie E. du tombeau. Un petit silex forme couteau fut ramassé à peu de distance après que l'on eut aussi vidé le second tombeau. Venait-il de l'un d'eux ?... Duquel ?...

Dans le courant de l'été, à quelques pas au N.-E., les ouvriers en trouvèrent une troisième, qui fut ouverte et inventoriée séance tenante. Ils y rencontrèrent encore de la terre noire et du sable ; mais au lieu d'ossements il n'y avait qu'un pot très-grossier, à une anse, fait à la main, d'une terre rude et graveleuse ; il était posé au centre et sur le fond du tombeau ; il fut aussitôt débarrassé de la terre et des os qu'il contenait, et eût été infailliblement brisé si l'appât d'une petite récompense ne l'eût fait remettre à M. Gloaguen : il est aujourd'hui en ma possession.

ÉPOQUE GALLO-ROMAINE

Toutes les contrées de notre vieille Europe ont vu à différentes époques de nouvelles civilisations succéder à de plus anciennes, et pour ainsi parler, se greffer sur elles ; aussi il arrive parfois, en Bretagne surtout, de rencontrer dans une couche renfermant des débris romains les restes d'une industrie remontant au delà de l'occupation, et ayant appartenu à quelqu'une des tribus qui vivaient en Armorique avant l'ère chrétienne. Dans ce cas le romain conduit au gaulois ; au Trez c'est le contraire qui a eu lieu ; les débris gaulois s'étaient déjà montrés abondants que l'occupation romaine était à peine soupçonnée.

En effet, parmi les nombreux objets que j'avais ramassés dans les rejets de carrières, plusieurs attirèrent mon attention. C'étaient d'abord quelques petits fragments de tuiles, puis quelques tessons que mon expérience me disait n'être pas gaulois, puis une fibule en bronze très-ressemblante avec plusieurs gravures que j'avais vues dans des ouvrages d'archéologie romaine, enfin un morceau d'un vase en marbre de forme cylindrique, à fond en hémisphère, débris évident d'une urne cinéraire n'ayant pu appartenir à aucune de ces familles pauvres et à demi-barbares qui avaient vécu là avant la con-

quête. Alors me vint à l'esprit une idée
qu'aurait dû y faire naître la parfaite con-
venance des lieux. Néanmoins je n'avais
encore que des doutes, et il fallait la certitude complète ; je cherchai, et ici le
hasard me servit encore admirablement.

Dans une tranchée que je fis ouvrir sur
le versant sud de la colline, je rencontrai
une double couche de sable : la première,
blanche et très-meuble, de 80 centimètres;
l'autre, dure et rougeâtre, de 30 centimètres ; et sous ces deux couches la terre
dure et noire du sol ancien , contenant la
plupart des objets que produit d'ordinaire
l'étude des établissements gallo-romains
de nos pays : pierres de petit appareil,
tuiles à rebords, tuiles creuses, tessons de
poteries de différente nature et spéciale-
ment de poterie samienne, des clous
presque entièrement rongés par la rouille,
des débris de cuisine : os, coquilles d'huî-
tres, de moules, etc. Les présomptions de-
vinrent une réalité, et je vis se renouveler
ici le fait déjà remarqué sur plusieurs
points du département de la succession en
un même lieu de la civilisation romaine
à la civilisation gauloise.

La grande difficulté du travail dans un
sable mouvant et par suite l'excessive
cherté de la main-d'œuvre ne m'a pas
permis de pousser plus bas mes recherches ; mais j'ai l'intime conviction que la
colonie gallo romaine a dû s'étendre bien
au loin vers la mer, entre les deux ruis-

seaux qui coupent la plaine du N.-E. au
S.-O.

MOYEN-AGE.

De ce qui précède il ressort clairement
que non-seulement à l'époque celtique,
mais aussi à l'époque romaine, dans les
premiers siècles de notre ère, la colline
du Trez était habitée que par conséquent
les cultures devaient couvrir la plaine, et
que l'envahissement doit en être rapporté
à un temps postérieur ; et, si l'on procède
par induction, il y a lieu de penser que la
catastrophe est relativement récente.

L'église d'Esquibien est sous le vocable
de saint Onneau ; et il est d'usage en
Bretagne de placer sous le même vocable
que celui de l'église la fontaine la plus
importante qui l'avoisine, c'est-à-dire
celle qui sert aux besoins de la majeure
partie des habitants de la paroisse. Or, à
300 mètres S.-E. de l'éminence du Trez
est une fontaine, dédiée à saint Onneau,
qui a eu anciennement une bien grande
renommée, et a été pendant longtemps
le but de nombreux et fréquents pèleri-
nages. Une preuve de l'importance qu'on
y attachait, c'est qu'outre le petit édicule
traditionnel, on a élevé sur la fontaine un
monument voûté de grandes dimensions,
recouvert de larges dalles et dont la voûte
et les murs avaient été chargés de pein-
tures qui, bien que fort détériorées, sont
encore visibles. Aujourd'hui cette fontaine
énérée est aux trois quarts enfouie sous

les sables, qui, dans la partie nord, s'a-
moncèlent déjà sur le toit.

Or, est-il probable qu'on ait choisi pour
la dédier au patron de la paroisse une
fontaine perdue dans un désert, à une
demi-lieue du bourg et qui n'est d'aucune
utilité pour les habitants ?... De nom, elle
est encore la fontaine *paroissiale*; mais,
de fait, elle ne l'a été que quand la paroisse était au Trez, sur le monticule où
la tradition populaire assure que, il y a
moins d'un siècle, existait une chapelle
aujourd'hui détruite.

Il faut aussi admettre comme preuve
de l'occupation probable du Trez aux
temps chrétiens, le fait de la présence, et
près de la fontaine, et près de l'ancienne
chapelle, de monuments caractéristiques
du Moyen-Age.

Il était d'usage à cette époque d'élever
en des lieux consacrés au culte, tels que
cimetières, voisinage des églises ou cha-
pelles, des fontaines dédiées à quelque
saint, etc., de longues pierres, sortes de
menhirs taillés, que les archéologues bretons appellent *lec'hs*.

Ici, ils ne font point défaut. A trois
mètres N.-O. de la fontaine, un très-beau
lec'h gît renversé dans le sable. Un autre
est encore debout sur le sommet du monticule; et cinquante pas à l'ouest on
trouve un tronçon d'une troisième pierre

semblable (1). Or, peut-on raisonnablement admettre que l'érection de ces monuments importants, la chapelle, la fontaine, les lec'hs, ait eu lieu dans cette solitude au milieu des mille difficultés que présentaient l'abondance et la mobilité des sables!... N'est-il pas plus simple et plus rationnel de la rapporter au temps où l'occupation des lieux pouvait l'appeler, et la solidité du terrain la faciliter ?

Rappelons les deux cas d'inhumation cités plus haut, mode de sépulture généralement attribué au christianisme; ajoutons que quand les vents d'hiver ou des équinoxes ont par endroits balayé les sables, on découvre d'anciennes clôtures de champs dirigées en divers sens, et concluons qu'il y a toute probabilité, presque certitude, que le Trez-Goarem a été habité au moyen-âge.

Quimper, le 2 février 1871.

GRENOT,
Professeur au Collége et membre de la Commission d'archéologie du Finistère.

(1) Ces monuments sont très-communs en Bretagne ; et pour ne parler que du Cap, je citerai un lec'h brisé entre Esquibien et la route, à l'angle d'un champ; un autre dont les débris forment l'entrée d'un champ, à 500 mètres sur le chemin du moulin du Castel; un faisant angle de mur au cimetière de Primelin ; un devant la chapelle de Saint-Dévet, près de Lervily ; un devant la chapelle de Saint-Collandan, en Plogoff; trois ou quatre au bourg de Goulien, et un autre à 100 mètres nord du village de Luguné, en Beuzec.

OBSERVATIONS.

1° — J'ai acheté et fait transporter à Quimper les pierres des deux premières tombelles découvertes. On prétend que les sépultures de ce genre ne sont pas rares dans le département ? — Tant mieux ; car s'il en est ainsi, on pourra se livrer à de nouvelles recherches qui répandront peut-être quelque lumière sur l'époque et le peuple auxquels on les doit attribuer. Je conserve également les débris humains que j'ai rapportés du Trez ; en des temps meilleurs ils seront soumis à l'examen d'hommes spéciaux qui, j'en suis persuadé, nous aideront à résoudre les difficiles questions que nous étudions.

2° — S'il n'y a pas de honte à demander pour ceux qui manquent, on peut sans rougir faire appel, au profit de la science, au bon vouloir et à la complaisance de tous.

On doit faire pour le Finistère ce qui a déjà été fait pour plusieurs départements de la Bretagne, l'histoire et la géographie des temps anciens et du Moyen-Age, et pour cela on a besoin de connaître le plus grand nombre possible des monuments qu'il renferme. Or, par suite des progrès incessants de l'agriculture, beaucoup disparaissent chaque jour dans les nombreux défrichements qui s'exécutent, d'autres sont peu ou ne sont point connus. Je recevrais donc avec une profonde reconnaissance tous les renseignements que l'on voudrait bien me communiquer sur :

1° — Les camps, enceintes ou retranchements de terre ou de pierres, généralement appelés *Castels* ;

2o — Les buttes de terre artificielles, entourées ou non de fossés et de terres rejetées ;

3o — Les points ou des bourrelets de terre en relief indiqueraient qu'il y a eu autrefois des habitations ;

4o — Les cavités et souterrains déjà connus, et ceux qu'on pourrait découvrir dans les travaux de la campagne ;

5o — Les grandes pierres brutes encore debout ou renversées, isolées ou réunies en certain nombre ;

6o — Les petites chambres faites de grandes pierres plates posées sur champ, ou dolmens ;

7o — Les lieux où l'on rencontre des morceaux de tuiles sur le sol ou dans les terres ;

8o — Les chemins anciens et très-larges, souvent appelés *Hent-Coz*, *Hent-Meur*, *Hent-Ahès*, etc. ;

9o — Les trouvailles que l'on pourrait faire d'objets antiques, tels que : sépultures, vases entiers ou brisés, armes ou objets divers de bronze, de pierre, etc.

Mon adresse :

GRENOT, profess. au collége de Quimper.

Ne pas affranchir si l'on veut.

(Extrait du journal l'*Océan*.)

Brest. — Imp. J. B. Lefournier aîné.

168

www.ingramcontent.com/pod-product-compliance
Lightning Source LLC
Chambersburg PA
CBHW061803040426
42447CB00011B/2456